Gebhard Deissler

Ade Fremde - Eine Lösung der Dialektik des Eigen- und Fremdkulturellen

GRIN Verlag

Bibliografische Information der Deutschen Nationalbibliothek:

Die Deutsche Bibliothek verzeichnet diese Publikation in der Deutschen National-
bibliografie; detaillierte bibliografische Daten sind im Internet über http://dnb.d-
nb.de/ abrufbar.

Impressum:

Copyright © 2010 GRIN Verlag, Open Publishing GmbH
Druck und Bindung: Books on Demand GmbH, Norderstedt Germany
ISBN: 978-3-640-78689-3

Dieses Buch bei GRIN:

http://www.grin.com/de/e-book/159441/ade-fremde-eine-loesung-der-dialektik-
des-eigen-und-fremdkulturellen

GRIN - Your knowledge has value

Der GRIN Verlag publiziert seit 1998 wissenschaftliche Arbeiten von Studenten, Hochschullehrern und anderen Akademikern als eBook und gedrucktes Buch. Die Verlagswebsite www.grin.com ist die ideale Plattform zur Veröffentlichung von Hausarbeiten, Abschlussarbeiten, wissenschaftlichen Aufsätzen, Dissertationen und Fachbüchern.

Besuchen Sie uns im Internet:

http://www.grin.com/

http://www.facebook.com/grincom

http://www.twitter.com/grin_com

Gebhard Deißler

ADE FREMDE

EINE LÖSUNG DER DIALEKTIK DES EIGEN- UND DES FREMDKULTURELLEN

CULTURE RESEARCH

KULTUR FORSCHUNG

RECHERCHE CULTURE

BUSQUEDA CULTURAL

RICERCA CULTURALE

ADE FREMDE

EINE LÖSUNG DER DIALEKTIK DES EIGEN- UND DES FREMDKULTURELLEN

„WIR **HABEN** KEINE HEIMAT

SONDERN WIR **SIND** HEIMAT"

Ich bin meine Heimat. Habe ich sie nicht, so bin ich nicht. Ohne das geistig-körperliche Fundament meiner Heimat bin ich nicht; jedenfalls nicht, was ich aufgrund der Tatsache des in dieser Heimat Geborenseins sein sollte. Die Heimat ist Programm und man sagt zu Recht, dass wenn man nicht weiß, woher man kommt, auch nicht wissen kann, wohin man geht. Das durch die Heimat im Sinne der Gesamtheit der menschlichen Konditionierung gegebene Fundament bedingt die Optionen und Potentiale – den Weg. Sie ist das Maß für die Weite oder den Radius über den der Geist innerlich und äußerlich verfügt und bedingt den Horizont des Raumes in dem man sich bewegen kann. Es ist schwer, wenn überhaupt möglich, über die Möglichkeiten dieses Fundaments hinauszugehen, denn was würde einem dann tragen? Und wenn nichts mehr trägt, dann endet der Weg. Deshalb ist das Fundament, das heißt die Heimat und der Weg untrennbar miteinander verknüpft. Auch wird eine tendenziell ethnozentrische, regiozentrische oder geozentrische Prägung des inneren, geistigen Raumes dazu beitragen, analoge äußere Räume zu erschließen oder zu verschließen.

Im Umkehrschluss ist also die Fremde natürlich nicht die Heimat und kann somit nur bedingt ein Ersatzfundament, den im originären Fundament vorgezeichneten Weg bilden. Somit wird ein Abkommen vom Weg möglich. Das ist das Risiko der Fremde. Heimat, Fundament, Identität und Weg sind untrennbar miteinander verknüpft. Ein Apfelbaum trägt Äpfel, ein Birnbaum dagegen Birnen. Die Art des Wurzelwerks bestimmt die Natur, Beschaffenheit, Stärke der Äste und der Krone. Alles ist im Wurzelwerk angelegt und dies ist nicht austausch-, aber kulturvierbar, optimierbar, sodass die Natur optimal mit dem Fundament arbeiten kann, es zu seiner höchsten Blüte vollenden kann. Phytologisch würde man sagen, der Genotyp bedingt den Phänotyp und im Zeitalter der Gentechnik würde man hinzufügen, dass man die Pflanzengenetik genetisch optimieren kann. Doch gibt es keine langfristigen Erkenntnisse, wie oder ob derartige Eingriffe in das biologische Fundament von Bestand sind. Alles Leben hat eine ihm ureigene Charakteristik, von dem es möglicherweise nur auf Kosten seines eigenen Fortbestands abweichen kann. Wenn sich die Lebensformen an diese Bedingtheit halten, sind sie frei. Halten sie sich nicht daran, so werden sie fremdbedingt und riskieren die möglichen Beeinträchtigungen ihrer Existenz und ihrer Freiheit. Denn allein das charakteristische Fundament erzeugt ein Maximum an Kraft, die Kraft frei zu sein, durch die optimale Anbindung an das Leben schlechthin, seine Tragkraft, die alles geistig-körperliche bedingt. Das Fundament, das durch die geistig-körperliche Ausgangsverortung der Heimat, der individuellen wie kulturellen gegeben ist, ist das natürliche Optimum der Kraft der Freiheit. Wird es beeinträchtigt, zu sehr entfremdet, so leidet die Tragfähigkeit und somit die Freiheit; eine Sklaverei der Fremde und Entfremdung setzt in, in der der Mensch seiner ihm angeborenen Freiheit beraubt wird. Nicht von ungefähr wurde die Verbannung in früheren Zeiten als Strafe eingesetzt. Sie ist durchaus vergleichbar mit dem Verlust der Freiheit durch Einkerkerung. Ein wesentlicher Unterschied ist möglicherweise der, dass die Verbannung mehr die innere Freiheit, die Einkerkerung eher den äußeren Raum beeinträchtigt. Und es verwundert auch nicht, dass mancher Reisende, wenn er nicht mehr am Nabel der Heimat hängt und von dort Nahrung bezieht, aus dem Tritt kommt und schwächelt und so mancher Expatriate (ins Ausland entsandter Manager) im internationalen Management seine fundamentalen Voraussetzungen für optimales Wirken in einem fremden Kulturbereich kompromittiert sieht. Was er ersatzweise aus der Fremde bezieht ist unter Umständen nicht genau das, was er aufgrund seiner ureigenen heimatlich fundamentalen, geistig-körperlichen Konditionierung benötigt. Das Leben im fremdkulturellen Kontext organisiert sich in anderen Körpern und Psychen, die gleichermaßen aus der Universalität des Lebens, aber in kontextuell unterschiedlichen Prägungen, hervorgegangen sind. Je nach kultureller Distanz, die man für transnationale Managementzwecke übrigens in geographische, wirtschaftliche, administrative und kulturelle im engeren Sinne einteilt, können die durch die verschiedenen heimatlichen Fundamentierungen bedingten Gesamtprägungen mehr oder weniger affin sein und verschiedene Nahrung, geistige und körperliche, erfordern, die sich wiederum in den kulturell diversen Organismen unterschiedlich organisiert. Das hat sich über Jahrhunderte und Jahrtausende durch zahllose Generationen hindurch so herausgebildet.

Das Leben im jeweiligen Kontext hat, obschon es an der Universalität des Lebens teilhat, ureigene kontexttypische Differenzierung im Bezug auf Strukturen und Funktionen erfahren. Körperbau, Sprache und Denkweise haben kontextspezifische diverse Prägungen erfahren. Diese Prägungen und Programme sind nicht einfach austausch- oder übertragbar, obschon sie erkannt und anerkannt werden und verschiedene Formen, Wege und Grade der Anpassung gefunden werden können. Die über große Zeiträume entstandene Lebensform ist nun in ihrer Plastizität auf eine bestimmte Marge der Adaptationsfähigkeit beschränkt. Die Fundamentierung bestimmt wiederum die Bandbreite und das Ausmaß der Anpassungsfähigkeit. Der internationale Professional sollte über eine möglichst große Adaptationsmarge in seinem Fundament verfügen, sodass er sich leichter und schneller und nachhaltiger fremdkulturellen Prägungen anpassen kann, ohne dass dies sein eigenes Fundament und somit Kraft und Grad seiner Freiheit beeinträchtigt.

Um seine eigene existenzielle Freiheit und Identität zu wahren, kann es bisweilen durchaus erforderlich sein, allen fremdkulturellen Prägungen ade zu sagen, eine vollständige Tabula Rasa zu machen, vor allem wenn man langfristig und in hohem Maß fremdkulturellen Einflüssen ausgesetzt war. Der Organismus erkennt den Moment instinktiv, in dem dies erforderlich ist und die angeborene Intelligenz des Körpers vollzieht den erforderlichen Schritt, um nicht in einem suboptimalen Zustand zu verharren, der ihn seiner Identität, Kraft und Freiheit berauben würde. Bei xenophiler Verhaftung erfordert der Loslösungsprozess jedoch Zeit. Er kommt gewissermaßen einem geistig-körperlichen Befreiungsschlag gleich.

Doch der weitere Weg erfordert die Reintegration in das originäre Fundament, strukturell und funktionell, um weiter auf diesem Weg voranzukommen und den vollen Raum zu nutzen, der im Fundament angelegt ist. Es sei denn, man möchte einen Teil seiner typischen Merkmale nicht realisieren, was irgendwann unrealistisch wird, denn aufgrund der Inkongruenz zwischen gegenwärtiger, fremdkulturell bedingter und heimatkulturell fundamental bedingter Identität entsteht eine Stress erzeugende Dialektik, in der das Individuum zwischen verschiedenen Identitäten hin und her schwankt und nicht zu dem natürlichen Ruhepunkt findet, der ihm mit seinem ureigenen Fundament mitgegeben ist. Die Reintegration in das ureigene Fundament ist somit eine Erfordernis existenzieller, geistiger wie körperlicher Hygiene und die Voraussetzung dafür im Frieden mit sich und der Welt - den anderen Kulturen - zu sein. Die Wahrhaftigkeit des eigenen Fundaments, geistig-körperlicher Friede und Freiheit gehören zusammen. Sie bedingen natürlich auch die Performance des Individuums in jeder Hinsicht.

Doch nun erhebt sich die Frage, wie das eigene Fundament fremdkulturelle ob individuelle oder kollektive, intra- oder interkulturelle Einflüsse integriert. Gerade hat der meteorologische Frühling angefangen und die Zweige gewisser Bäume zeigen schon das verdeckt knospende Weben und Werden des nächsten Zyklus ihres Wachstums. Was immer der Organismus des Baumes erfahren haben mag - es hat eine Veränderung und ein Wachstum stattgefunden -, er manifestiert in der neuen Phase seiner Existenz die in seinem genetischen Fundament angelegten Gesetzmäßigkeiten und wahrt die ihm ureigene Natur trotz aller Einflüsse, denen er im harten Winter ausgesetzt war, in dem er seine Oberflächenmerkmale zeitweise sogar verloren hat. Die im Fundament gespeicherte Programmatik einer biologischen und beim Menschen zusätzlich einer kulturellen DNA erlaubt ihm aber nach seiner ureigenen Gesetzmäßigkeit frei zu sein und weiterzuwachsen. Das Fundament hat die Kraft der Freiheit den Fortbestand der Identität zu wahren.

Die Widerstandsfähigkeit gegen Fremdeinflüsse ist in der menschlichen und pflanzlichen Natur in der DNA verankert, beim Menschen, der ein biologisch-kulturelles Wesen ist zusätzlich zur biologischen noch in der kulturellen DNA, die die Widerstandsfähigkeit und Regenerationsfähigkeit der Identität treffend bezeichnet. Mit dieser Metapher vor Augen kann man sich durchaus die Integration kultureller Fremdeinflüsse bei Wahrung der Identität vorstellen. Dieses biologische Prinzip kann eine Hilfe anbieten, um Dinge natürlich zu integrieren, die die Analyse und Synthese des Mentalbereiches mit ihrer endlosen Dialektik allein nicht auf einen existenziellen, nachhaltigen Nenner bringen kann. Die im Fundament angelegte Programmatik ist per se integrativ, resorbierend und normalisierend: der gordische Knoten des eigen- und fremdkulturellen mit den endlos verfeinerten Spiralwindungen seiner typischen Dialektik ist gesprengt. Die Natur wirkt integrativ, der Geist dialektisch. Deshalb kann der Geist sich gewissermaßen in der Natur erlösen, wie auch im Bewusstsein, nämlich durch die Transzendenz der Dualität hin zur Einheit. Letzteres ist Gegenstand dessen, was ich unter dem Begriff der Transkulturalität oder der noetischen Bewusstseinsebene in anderem Zusammenhang beschrieben habe. Das Bewusstsein oder die Intelligenz in der Natur reguliert Einheit und Diversität und vermittels des die Dualität des Intellekts transzedierenden Bewusstsein kann dieser Prozess der natürlichen Integration auf natürliche Weise gefördert und unterstützt werden, denn dasselbe Lebensprinzip, das wir dialektisch in ein geistiges und ein körperliches aufteilen, wirkt im Menschen insgesamt.

Beide Denkmodelle, das physiologische und das psychologische - so könnte man sie bezeichnen - manifestieren die Intelligenz des Geistes und der Materie im Sinne der Natur innewohnenden Bewusstseins. Ein drittes Denkmodell wäre somit das der Natur des Bewusstseins an sich, das die eigen-fremdkulturelle Integrationsdialektik tatsächlich lösen kann. Alle drei Ansätze gehen über die interkulturellen Ansätze hinaus und können das bewirken, was interkulturelle Ansätze nicht bewirken können, das heißt, eine echte Integration, allein deshalb weil die klassischen interkulturellen Ansätze den Herrschaftsbereich der mentalen Dialektik nicht überschreiten können. Darüber hinaus sind sie alle im Fundament des Menschen gleich welcher heimatkulturellen Konditionierung und Prägung angelegt und stellen somit universelle, kulturunabhängige Potentiale eigen- und fremdkultureller Integration dar.

Dem Fremden und der Fremde ade sagen bekommt somit eine nuanciertere Bedeutung, nämlich deren Integration auf einer anderen, höheren oder fundamentaleren Ebene, wo die Fremde nicht mehr als eine die eigene kulturelle Fundamentierung und Identität behindernde Verbindlichkeit wirken kann. Somit kann man sich einerseits selbst treu bleiben und dennoch über einen transkulturellen Brückenschlag die Verbindung zu anderen kulturellen Ausformungen des Lebens nicht auflösen, denn das wäre wiederum nicht im Einklang mit dem Einheitsgedanken des Lebens, des Bewusstseins oder der Natur. Ein Disengagement, eine Befreiung von fremdkultureller Beeinträchtigung, die man als suboptimal wirkend auf der horizontalen Ebene wahrnimmt, kann also durch eine vertikale Bewegung des Geistes konstruktiv bewältigt werden. Und wenn alle dies erkennen, können die spezifischen kulturellen und existenziellen Erfordernisse gewahrt werden bei gleichzeitiger Wahrung der konstruktiven Beziehung zwischen den diversen, unvereinbar und sich gegenseitig zu behindern scheinenden kulturellen Prägungen.

Die biologische, die transkulturell-noetische oder die beide bedingende reine Bewusstseinsebene sind also universelle Lösungen für kulturelle Herausforderungen wie des im Titel angedeuteten entwicklungsbedingt erforderlichen Ablösens oder Loslösens oder Aussetzung fremdkultureller Kolonisierung und Besitzergreifung der eigenen kulturellen Natur, sowie auch für die Integration von eigen- und fremdkultureller Bedingtheiten im allgemeinen. Diese Annahme klingt beinahe wie das kulturelle Heureka, der kulturelle Stein der Weisen, die kulturelle Alchemie schlechthin, doch dieser Anspruch wäre verwegen, überzogen, zu absolut für menschliches Denken. Diese Denkmodelle können durchaus hilfreiche Konstrukte sein. Inwieweit sie effektiv wirksam sind, hängt aber von der Evolution dessen ab, der sie verwendet.

Handelt es sich hier um nachhaltige Lösungen oder sind es nur bedingte Lösungen? Wenn sie nicht in Einklang mit den Erfordernissen des Lebens stehen sind sie nur Illusionen und zeitweilige Lösungen, die die Antagonismen nur zeitweise aussetzen und gleich dem Verlauf einer Flussströmung, die man durch Staudämme aufgestaut hat, schießen dann die aufgestauten Wassermassen mit Macht in die Tiefe. In der materiellen und geistigen Natur verhält es ich ähnlich. Alles strebt nach einem Gleichgewicht, Einheit, Integration. Das scheint sowohl auf biologische, wie auch auf soziale Organismen, individuelle oder kollektive wie Völker, Kulturen und Nationen zuzutreffen. Eine energetische Physik zyklischer Pendelbewegungen gegensätzlicher Zustände scheint ein Gesamtgleichgewicht ungeachtet moralischer Prinzipien zu bilden. Trotz aller Mühe der Menschen und Volker scheinen sie in dieser energetischen, dialektischen Physik, die Materie und Geist gleichermaßen prägt, unentrinnbar gefangen. Wer könnte den Menschen politisch, ideologisch oder kulturell... nachhaltig erretten? Wenn die drei obigen Prinzipien der Erlösung von der Dialektik des menschlichen - das biologische Integrationsprinzip, das transkulturell-noetische oder das Bewusstsein als solches - keine nachhaltige Lösung bewirken können, dann bleiben nur die Erlösung durch die Heilslehren, insbesondere die Religion und in unserem Kulturkreis die Christliche Religion, deren einzigartige Spezifizität die des Erlösers schlechthin ist.

Die drei Prinzipien der Erlösung von der alles beherrschenden Dialektik aller menschlichen Mühen bedürfen in gewissem Sinne einer Stabilisierung. Diese Stabilisierung bedarf einer Verankerung des relativen Menschlichen in einem Absoluteren, um von seiner Bedingtheit und Relativität nachhaltig befreit zu werden. Dies kann besser in einer Form der Anbindung und Verknüpfung mit dem einen Absoluten geschehen, einem universell integrativen Fundament, auf dem alle diversen Fundamente gründen, dem Urgrund, der allein frei ist von zyklischen Dialektiken.

Mit anderen Worten und um an die Terminologie und Logik der Fundamentierung anzuknüpfen, bedarf es offensichtlich einer weiteren Fundamentierung, eines Grundes, aus dem sich alle Fundamente speisen, um eine nachhaltige und stabile Integration zu bewirken.

Verlässt man sich ausschließlich auf die Dynamik des Bewusstseins und ist man nicht in einem hochentwickelten Zustand einer quasi irreversiblen Befreiung, so können die höheren Bewusstseinszustände irgendwann im Gegenzug gleich den aufgestauten und dann in die Tiefe schnellenden Wassermassen einer gestauten Strömung in die Tiefe schnellen und das bewältigt scheinende Problem noch kontrastreicher in Erscheinung treten lassen. Dies nicht berücksichtigen hieße, der menschlichen Natur keine Rechnung zu tragen und sich außerhalb von ihr zu positionieren. Das relative Menschliche kann Scheinlösungen anheimfallen, zumal wenn es sich um schöne und logische mentale Konstrukte und selbst feinsinnige Inspiration handelt. Auch edle Bewusstseinsformen können eine intrapsychische polarisierende Dialektik auslösen, solange sie den Bereich der Dualität nicht transzendieren. Andererseits sollten die Lösungen nicht das Monopol einer geistigen Elite sein, denn die Menschheit insgesamt ist ja betroffen.

Irgendwie scheinen nachhaltige Lösungen der dialektischen Gesetzmäßigkeiten psychosozialer Natur beide Ufer des Geistesstromes, den man zu beherrschen beabsichtigt, zu involvieren, den diesseitigen menschlichen relativen und den jenseitigen absoluteren. Beide sind in eine nachhaltige Lösung der kulturellen Gleichung miteinzubeziehen. Mit einer Hand klatschen, wozu das enigmatische Zen Koan uns auffordert, kann eben zu dieser Erkenntnis führen, dass noch eine andere Variable in die Gleichung einfließen muss, damit das Phänomen insgesamt beherrschbar wird. Ebenso wie zwei Hände die Voraussetzung für das Klatschen sind und zwei Uferbefestigungen einen Fluss bedingen und lenken, ebenso bedarf die Stabilisierung mentaler Ströme zweier Ufer, eines bedingten und eines unbedingten, die synergetisch die nachhaltige Stabilisierung andernfalls reversibler Zustände bedingen.

Um den definitiven interkulturellen Brückenschlag zu konsolidieren erfordert dieser eine Konsolidierung durch einen konkomitanten intrapsychischen Brückenschlag, der die Reversibilität der Bewusstseinsströme steuert. Dieser konsolidierende Brückenschlag geschieht durch die Verbindung des relativen mit dem absoluten Ufer, die die geistigen Ströme synergetisch steuern können. Weder kann eine Hand klatschen, noch ein Ufer einen Fluss lenken, noch ein geistiges Ufer allein die geistigen Ströme. Es sind diese beiden Arme des Bewusstseins, ein relativerer und ein absoluterer - gleich einer Hand (oder Arm) und einer dominanten Hand (oder Arm) - die den Fluss des Geistes integrativ und nachhaltig steuern können. Wie der absolutere Arm vom Leserbewusstsein auszugestalten ist hängt von seiner Religion und eschatologischen Annahmen ab. Diese Freiheit sei ihm unbenommen. Es scheint jedenfalls erforderlich zu sein, dass man, wie in der Flussmetapher, sowohl im physischen, wie auch im geistigen Bereich, von beiden Ufern her denken muss, um der Ganzheit des Phänomens gerecht zu werden. Hält man nur ein Ufer für das Gesamte, so bleibt man in einem Teil des Ganzen und aufgrund dessen löst dieses Teil die Dialektik der Teile aus, bis sie im Ganzen beheimatet und in ihrem Urgrund und Fundament konsolidiert sind.

Zwei befestigte geistige Ufer und eine konsolidierte geistige Brücke über den Strömungen und Strömen des Geistes gestatten uns in der Tat - weit über eine belletristische Metapher hinaus -, uns realiter über der Eigendynamik der kulturellen Wogen und Wellen der Wasser des menschlichen Geistes zu halten. Der Ausgangspunkt für dieses Denken ist die Betrachtung der kulturellen Realität von zwei komplementären Optiken her, die zusammen ein umfassenderes Gesamtbild ergeben, in dem Kultur beherrschbarer wird.

Und erinnert uns diese duale komplementäre Optik der Dinge nicht an die Betrachtung von Materie und Energie durch die Quantenphysiker, derzufolge die eine Wahrnehmung im toten Winkel zur anderen steht und obwohl sich die eine der anderen Optik jeweils zu entziehen scheint sind sie dennoch zwei komplementäre Sichtweisen, die die Natur der Dinge besser erklären können. Die beiden Ufer des Geistes können als die komplementären Optiken inbezug auf den Geist betrachtet werden. Beide zusammen ergeben, wie im Bereich von Materie und Energie, das vollständige Bild; das konkomitante, umfassende Bild von Einheit und Diversität, das aus der Skill (Fähigkeit) komplementärer Sichtweisen entsteht.

Die Lösung scheint in der Ganzheit angelegt zu sein, die das Ende der Teile und somit das Ende der Logik der Teile und damit des Konflikts ist. Die ganze Wahrnehmung endet die Logik der Teile. Somit lokalisiert dieser Ansatz die Lösung im Bewusstsein des kulturellen Beobachters, der seine Optik bestimmen und somit die mit dieser Optik einhergehenden Mechanismen des Geistes.

Sind somit alle kulturellen Herausforderungen, sowie deren Lösungen Projektionen und Spiegelungen des menschlichen Geistes in dem Sinne dass es unabhängig vom Beobachter keine Welt mit ihren kulturellen Belangen zu geben scheint? Wenn das Bewusstsein der Urgrund und das Fundament von allem ist, dann ist die Lösung die Erinnerung an diese Realität und die Erinnerung an dieses Fundament aller Fundamente des Menschlichen ist somit die auch die nachhaltige Lösung. Sobald das Bewusstsein sich selbst in seiner Absolutheit erkennt transzendiert und löst es seine relativen Manifestationen in seiner allumfassenden Einheit, Transzendenz und Immanenz.

Das mag kompliziert klingen, doch ist nicht alles eine Frage der Optik, der Sichtweise. Und ist die Sichtweise auf die Dinge umfassend, so bringt diese umfassende Sichtweise selbst die Lösung des (kulturellen) Problems mit sich.

Diese Sichtweise kultureller Belange deckt sich auch nahtlos mit der etymologischen Bedeutung von Kultur, deren einer Pol die irdische Konditionierung und der zweiter die metaphysische ist. Nur beide zusammen bedingen das kulturelle Wesen des Menschen. Diese ganzheitlichere Sichtweise bahnt die echte Lösung an.

Betrachten wir nun die zu Beginn formulierte Aussage „Ich bin meine Heimat. Habe ich sie nicht, so bin ich nicht". Im Lichte dieser erweiterten Optik auf den menschlichen Geist kann man analog annehmen, dass wenn man diese weitere Fundamentierung in der Einheit des transzendenten und immanenten Bewusstseins nicht hat, man nicht umfassend ist, zumindest nicht das im individuellen ganzheitlichen Fundament angelegte Potential realisieren kann. Zum Zweck der interkulturellen Problemlösung ist es erforderlich, auf das ins Vergessen geratene volle Potential, das Fundament der Heimat im weiteren und tieferen Sinn zuzugreifen, um die globale kulturelle Herausforderung zu meistern. Diese Heimat im tieferen Sinne konstituiert unsere Identität im tieferen Sinne und hält seit Anbeginn das bereit, was der Mensch in dieser Phase seiner Evolution von einem lokalen zu einem planetaren kulturellen Wesen braucht. Die Bündelung der diversen menschlichen Potentiale kann auf diesem erweiterten und konsolidierten menschlichen Fundament, seiner Heimat als menschliche Rasse, für die Höherentwicklung des Spezies insgesamt erfolgen und ihre Dialektiken können in diesem Sinne gemeistert werden.

Eine Verankerung in beiden Heimaten ist erforderlich, sowie der bedingungslose Respekt derselben. Beide sind komplementäre, gleichermaßen legitime Realitäten und konstituieren die menschliche Ganzheit. Diese Erkenntnis der Ganzheit ebnet den konfliktfreien kulturellen Weg der Individuen und Kollektivitäten.

Im Vertrauen auf den Schutz der Kraft, die die betrachteten Sachverhalte durch die Schöpfung ermöglicht hat, und die uns den Mut gibt, ungewohnte Wege zu gehen, um ihr Werk zu entschlüsseln und an ihm mitzuarbeiten, haben wir dieses Werk, von dem der Schöpfer selbst sagte und sah dass es gut sei, unter neuen Blickwinkeln betrachtet. Dies werde ich im nächsten Exposé fortsetzen, in dem ich eine multidimensionale wissenschaftliche Optik zum Studium der Diversität verwenden werde, wie sie bereits in dem quantenkulturellen Ansatz angeklungen ist.